Lo que debemos saber sobre los Santos

Charlene Altemose, MSC

One Liguori Drive ▼ Liguori, MO 63057-9999

Imprimi Potest:
Richard Thibodeau, C.S.S.R.
Provincial de la Provincia de Denver
Los Redentoristas

Imprimatur:
+Reverendo Joseph F. Naumnn
Obispo auxiliar/vicario general,
Arquidiócesis de St. Louis

ISBN 0-7648-1038-3
Número de la tarjeta de la Biblioteca del Congreso: 2002117368

Impreso en Estados Unidos
03 04 05 06 07 5 4 3 2 1

Para pedidos llame al 1-800-325-9521
www.liguori.org
www.catholicbooksonline.com

Contenido

Introducción

"Mami, no me dejes sola en la oscuridad", Teresita sollozaba cuando su mamá la estaba acostando.

"Recuerda, Teresita, que Dios y tu ángel de la guarda te cuidan", la mamá le aseguró a su hijita.

"Pero yo quiero a alguien que yo pueda ver", ella le contestó con un gemido.

La inocencia de la niña nos hace sonreír, pero sin embargo, nosotros también reaccionamos de la misma manera. Queremos tocar y sentir lo que conocemos. Nos relacionamos mejor con alguien "a quien podemos ver".

Dios probó que tiene un amor divino sin condiciones y mandó a "alguien a quien pudimos ver", a Jesús, para que viviera entre nosotros. Esto es lo esencial del cristianismo. "Y la Palabra se hizo carne y habitó entre nosotros" (Juan 1,14). Dios comparte nuestra humanidad en Jesús. Pero también vemos el amor de Dios en las personas que siguen a Jesús.

Supongamos que nadie se hubiera fijado en el sufrimiento, en la muerte y en la Resurrección de Jesús. Entonces hoy día no existiría ni el cristianismo ni tampoco la Iglesia. Pero alguien sí se fijó: "las personas que podemos ver". Y "las personas que podemos ver" mantuvieron viva la herencia de la vida y de las enseñanzas de Jesús. La Iglesia existe más que nada hoy día porque estas mujeres y estos hombres santos fueron por el mundo para entregarse totalmente al prójimo porque creían en Jesús y estaban totalmente comprometidos a él. Las enseñanzas, las leyes y las reglas de la Iglesia no fueron las cosas que motivaron a las personas a formar parte de la misma. Más bien lo hicieron porque personas de carne y hueso encarnaban los ideales de Jesús. La Iglesia se extendió por el mundo porque "las personas de carne y hueso" encarnaban las virtudes cristianas.

Además de nuestra preferencia por relacionarnos con "alguien que podemos ver", nos atraen las personas que parecen ser más grandes de lo que son en realidad. En nuestra mente hay algo que encuentra atractivas a las personas que poseen los ideales que deseamos poseer. Por ejemplo en los Estados Unidos, los salones de la fama, la calle de las estrellas en Hollywood, los Emmys para lo mejor de la música y los Oscares para lo mejor de las películas, son entre otros, galardones que reconocen a las personas que se destacan de alguna manera. Estos "héroes" nos ayudan a crecer y a alcanzar nuestro potencial y a hacerle frente a los retos que la vida nos ofrece. De hecho, este esfuerzo por identificarnos con la grandeza es algo tan innato, que a menudo deseamos establecer una compenetración y una intimidad con las personas que imitamos. Sentimos la inspiración de imitar a aquellas personas que consideramos que son modelos a imitar.

Estas dos tendencias humanas, la primera es nuestra necesidad por lo tangible y la segunda es nuestra tendencia de imitar la grandeza para igualarla o superarla, nos dan la razón básica para la existencia de la práctica católica de la devoción a los santos.

Los santos son esas personas "que podemos ver", que en su época vivieron la vida cristiana de una extraordinaria manera ejemplar. Desde el principio, los santos han desempeñado un papel esencial en el desarrollo de la tradición católica. Están en un lugar aparte, como modelos de virtud porque siguieron a Jesús de todo corazón.

Este libro examina el papel que los santos desempeñaron en la vida de las devociones de los católicos y cómo los santos han influido en el desarrollo de la Iglesia. Exploramos el papel que los santos desempeñan hoy día en nuestra espiritualidad personal y, de acuerdo a la teología del Concilio Vaticano II, lo que entendemos hoy día que significa ser santo.

Este libro provee una visión de conjunto de lo que la Iglesia enseña acerca de los santos. Aclara los malentendidos en cuanto a las devociones católicas a los santos y contesta preguntas como "¿Por qué les rezan los católicos a los santos?" "¿Qué papel desempeñan los santos en la fe católica?" "¿Cómo canoniza la Iglesia a un santo?" "¿Le rezan todos los católicos a todos los santos?" "¿Por qué es la devoción a los santos una opción?"

La primera parte da dos explicaciones de la palabra "santo": el sentido más general y el sentido más limitado. El significado más general de la palabra "santo" se usa para designar el llamado de cada persona a ser santo. El significado más limitado se usa para designar lo que normalmente entendemos por "santo", una persona santa que, debido a su virtud heroica y testimonio excepcional, ha sido reconocida oficialmente y canonizada por la Iglesia católica. También en la primera parte se hace la distinción entre estos dos significados y trata las características que los santos canonizados tienen en común.

La segunda parte traza la historia de la Iglesia y cómo la veneración de los santos ha cambiado en los dos mil años de la existencia de la Iglesia. Explica cómo los santos han sido proclamados en el pasado y examina el proceso de canonización que se utiliza hoy día.

La tercera parte presenta varias maneras cómo los católicos veneran a los santos en el culto público y en la oración personal. Explica la evolución de varias costumbres y aclara los malentendidos acerca de la piedad católica y los santos.

La cuarta parte ofrece un popurrí de información acerca de los santos. Destaca hechos interesantes de las vidas de algunos santos y resalta algunos de los favoritos de siempre.

Esta obra habrá cumplido con su propósito si logra que ustedes se interesen por los santos y los anima a leer más acerca de ellos. Esto también enriquecerá su vida de fe; Dios y la vida espiritual les resultarán más atractivos.

(Para conservar espacio, cuando se mencione a algún santo o santa no tendrán este título antes de su nombre o llevaran la abreviatura San, Sto. o Sta. Esta obra tampoco considera a María, la madre de Jesús, debido a que ella es la personificación de toda santidad, María se merece un libro para ella sola.)

PARTE I

Los santos: el significado general y específico de la palabra

Un santo es luz mientras camina por los caminos oscuros de la vida.

Anónimo

El llamado que todos tenemos a la santidad

Desde la eternidad, Dios miró el abismo y pensó, "Voy a crearme un mundo". Así fue que el Creador le dio vida a una serie espléndida de galaxias, mundos, estrellas y planetas que hasta la divinidad quedó maravillada. Dios sonrió ante el universo magnífico, pero no se sintió totalmente satisfecho.

"Falta algo", Dios dijo. "Nada en esta creación puede amarme y convertirse en mi íntimo amigo". Y así, con una sabiduría divina, Dios escogió un lugar pequeñito e insignificante entre las grandes galaxias. "Yo adornaré este lugar con todo tipo de plantas, árboles, vegetación y animales", Dios dijo. "Yo lo convertiré en un 'hogar' muy bonito para una creación especial, seres completamente diferentes del resto de mi creación. Ellos serán de la tierra y del cielo, dotados con una vida natural y con un destino divino. Estas criaturas compartirán mi amor, se convertirán en mis amigos y vivirán conmigo por toda la eternidad".

Dios le dio parte de su ser cuando le dio su propio aliento a la tierra y, el hombre y la mujer aparecieron ante Dios, llenos de la vida que el aliento de Dios les había dado, creados a imagen de Dios. "Por fin ahora tengo seres con quienes compartir mi vida", Dios dijo, "quienes pueden gozar de este mundo y convertirse en santos".

Puede que esto nos parezca ser una ampliación del primer capítulo del Génesis. En realidad, es la historia eterna de Dios que continúa amando a cada ser humano. Es la historia de ustedes, es mi historia y la historia de todos.

Llamados por nuestro nombre

Con Dios, no existe el pasado, el presente o el futuro. Cada uno de nosotros ha existido en la mente de Dios desde toda la eternidad. Igual que nuestro nacimiento tuvo lugar en un momento específico de la historia y tuvimos por padres a dos personas especiales, Dios nos da un amor especial a cada uno de nosotros. "Te he llamado por tu nombre y eres mío" (Isaías 43,1). Dios nos da su aliento de vida: "Y creó Dios a los seres humanos a su imagen" (Génesis 1,27), dándonos también ciertos dones naturales y sobrenaturales.

Dios no sólo conoce el potencial de santidad que cada uno de nosotros posee, sino que nos da la gracia necesaria para lograrlo. Dios tiene una imagen única de nosotros, aquello que cada uno de nosotros puede ser, y ninguna otra persona en toda la creación puede igualar esa imagen. Nadie posee nuestras mismas circunstancias, nuestros dones, nuestras habilidades, nuestras oportunidades. Nadie se relaciona con Dios como lo hace cada uno de nosotros. Nadie más puede realizar el plan divino que Dios tiene para cada uno de nosotros. Existimos para adaptar nuestras vidas a esa imagen.

Nuestra respuesta

Pero Dios respeta nuestra dignidad humana. Dios no nos fuerza a tener una relación con él a la fuerza. Más bien, poseemos la gracia de tener la libertad de escoger. Podemos decidir si queremos o no queremos tener una relación con Dios.

Sin embargo, esta libertad no es una cosa fácil. Debido a que nuestra naturaleza humana está manchada (en la teología se usa el término "pecado original" para referirnos a esto), encontramos que es más fácil vivir en un nivel natural, atraídos hacia lo que nos aleja de Dios. Aunque anhelamos la bondad moral y una vida virtuosa, fácilmente podemos sentirnos atrapados en el torbellino de la vida diaria y entonces no escogemos hacer lo moralmente correcto. Nos parecemos tanto a Pablo cuando él habla de sí mismo en su carta a los romanos: "y no acabo de comprender mi conducta, pues no hago lo que quiero, sino que hago lo que aborrezco" (7,15).

Debido a que escogemos nuestro propio nivel de intimidad con la divinidad, a menudo no llegamos a alcanzar la bondad que Dios nos ofrece. Formamos una segunda imagen de nosotros que es menos idealista: lo que verdaderamente somos.

La santidad a nuestro alcance

Para la mayoría de nosotros, las dos imágenes que Dios tiene de nosotros, lo que *podemos ser* en el plan de Dios y lo que *verdaderamente somos*, son completamente diferentes. Poder reconciliar estas dos imágenes lleva toda una vida de esfuerzo y una virtud heroica. Un refrán muy sabio que se ve en algunos banderines dice: "Lo que tú eres es el regalo que Dios te ha hecho y en lo que te conviertes es el regalo que tú le haces a Dios".

Afortunadamente, en la providencia y sabiduría divinas de Dios, la santidad está a nuestro alcance porque todas las personas tenemos la capacidad de empezar este camino. Primero, tenemos el don de Dios de "la gracia". Esto no es *algo*, sino *Alguien*: el mismo Dios. Dios, obrando en y a través de nosotros, nos llama a ser santos, y nos da el don de la gracia para que lo logremos: «Te basta mi gracia» (2 Corintios 12,9). Nosotros también tenemos la ayuda del bautismo, la expresión visible de nuestro deseo de seguir a Cristo. Por medio del bautismo podemos vivir en un nivel espiritual.

De más está decir que éste no es un camino de rosas. El camino hacia el cielo es por medio de la cruz. Como dijo Jesús: "El que no toma su cruz y me sigue, no es digno de mí" (Mateo 10,38). Sin embargo, Dios nos da la ayuda espiritual necesaria para ayudarnos a compartir la intimidad divina: el "estado de la gracia".

Desgraciadamente, la mayoría de nosotros se siente satisfecho de vivir nuestras vidas de una manera común y corriente. Día tras día hacemos nuestras tareas, esforzándonos sólo lo suficiente para lograr lo mínimo que se nos exige y nada más. Estamos satisfechos con seguir la ley del más mínimo esfuerzo.

La canonización

En la historia de la Iglesia que abarca dos mil años, millones de personas han seguido a Jesús de una manera sencilla, sin ninguna publicidad y a menudo anónima. Otras personas han vivido el llamado cristiano en sumo grado, demostrando que la vida espiritual es de mucha importancia. Entre todas éstas, la Iglesia sólo ha destacado y oficialmente proclamado "santos" a un grupo relativamente pequeño de unas cinco mil personas.

Generalmente, cuando hablamos de los santos nos referimos a aquellas personas que han sido canonizadas, es decir reconocidas oficialmente como personas que practicaron virtudes espirituales heroicas. Aunque otras religiones honran a sus personas santas de varias maneras, la Iglesia católica es el único grupo religioso que reconoce y honra a sus modelos de virtud con un proceso oficial. Este libro se enfoca en estos modelos de virtud.

Cuando la Iglesia canoniza a un santo, la misma

declara infaliblemente que la persona ha vivido una vida ejemplar en sumo grado, que está en el cielo y que se presenta como un modelo de santidad. Aunque la lista o canon de los santos representa personalidades diversas de cada época de la Iglesia, lo que distingue a los santos de las personas comunes y corrientes es la virtud excepcional de sus vidas ejemplares.

Características que los santos comparten

Los santos representan cada época, cada nación y espiritualidad de una manera tan diversa que ha sido inigualable. Sin embargo, si examinamos a los santos de manera general, vemos que salen a relucir unas características que todos poseen. La analogía de "estar en buena forma" que nuestra cultura personifica ofrece un marco muy claro para examinar lo que hace que separemos a los santos del resto de los seres humanos. Igual que nosotros deseamos "estar en buena forma" y hacemos todo lo posible por lograrlo, los santos logran "estar en buena forma" en cuanto a lo espiritual.

Los santos mantienen el balance al escoger sabiamente. Los santos toman sus decisiones desde el punto de vista de Dios. Conscientemente unen la imagen de Dios con la imagen que forman en sus propias vidas.

Primero que nada, cuando los santos toman las decisiones importantes de sus vidas, ellos le prestan mucha atención al bien de la Iglesia y al reino de Dios. Aunque de vez en cuando puede que ellos aparenten no estar equilibrados de acuerdo a las normas del mundo, los santos poseen un equilibrio total en un sentido espiritual. Con los pies en la tierra, los santos nos demuestran que el cielo es nuestro verdadero hogar y que la vida aquí en la tierra es el camino que seguimos para llegar a nuestro "verdadero hogar". Los santos viven en un nivel de dos dimensiones: en el mundo, pero no son del mundo. El mundo espiritual es tan real para ellos como el mundo terrenal.

Los santos alinean sus vidas a la imagen divina que Dios tiene de ellos. Ellos se esfuerzan durante toda la vida para moldear su imagen de acuerdo al plan de Dios y son muy realistas en sus puntos de vista. Ellos saben cuáles son sus límites pero se atreven a dar pasos agigantados hacia la perfección.

Los santos son genuinos. Ellos no fingen ni tratan de ser lo que no son. Con los santos no hay fingimiento ni falsedad.

Los santos establecen verdaderas prioridades: Dios es primero. Mientras que muchas personas "comunes y corrientes" alaban a Dios solo de palabra y reconocen que Dios existe, los santos sienten el calor del fuego de lo divino. Dios es parte de cada momento de sus vidas. Aunque son totalmente humanos, ellos están muy familiarizados con Dios. Por consiguiente, ellos se sienten tan cómodos con el Señor y lo tratan con tanta intimidad como tratan a sus amistades. De hecho, los santos se sienten tan afines a Dios que su propio ser desaparece ante los planes de Dios.

Para los santos, la espiritualidad no sólo es algo más en la vida. La espiritualidad es el centro y la base de su existencia, lo que le da sustancia a su propósito. Los santos, de una manera ejemplar, encarnan un punto de vista espiritual en lo mundano y en lo natural.

Un niño pequeño que observa la vidriera de colores

de una iglesia nos da una definición muy apta para la palabra santo: "alguien a través de quien la luz brilla". Los santos están en tanta armonía con la dimensión espiritual de la vida que la luz de Dios brilla a través de ellos. Ellos hacen suyas las palabras de San Pablo: "Ya no vivo yo, sino que es Cristo que vive en mí" (Gálatas 2,20). Los santos no sólo son ideales de la bondad de Dios, sino que verdaderamente son "otros Cristos".

Los santos siguen una dieta espiritual. Igual que nosotros formamos parte de una sociedad que está muy consciente de las dietas, en otro sentido los santos también lo están. Debido a que se dan cuenta de que la vida aquí en el mundo es sólo una jornada hacia su "verdadero hogar": la eternidad con Dios, los santos están cautelosos de disfrutar demasiado de las comodidades de este mundo. Ellos tienen cuidado de no "engordar" demasiado con las preocupaciones de este mundo. Ellos no participan de muchas de "las cosas buenas" de la vida para mantener su bienestar espiritual. Las necesidades espirituales: la palabra de Dios y la Eucaristía, les dan a los santos la fuerza y la gracia para trabajar asiduamente por el reino de Dios aquí en la tierra.

Los santos irradian bienestar espiritual porque lo Divino le da sabor a sus vidas. Ellos no sufren de "una falta de virtud". Aunque los santos reflejan la santidad en cierto grado, sus vidas irradian suficiente bondad e integridad y por eso no necesitan "suplementos de virtud".

Los santos reconocen la importancia de hacer ejercicio. De hecho, los santos toman a pecho la sugerencia de hacer ejercicio. Para ellos, el ejercicio significa que se mantienen en buena forma espiritual. No se conforman con correr por el camino ordinario. Por derecho propio, todos ellos son corredores de maratones. Ellos corren la milla adicional y siempre hacen más de lo que se les exige. Los santos le prestan atención a la advertencia de Pablo: "Yo, pues, corro, pero no sin rumbo; lucho, no como quien da golpes al aire, sino que disciplino mi cuerpo y lo domino, no sea que, después de enseñar a los demás, quede yo descalificado" (1 Corintios 9,26-27). Los santos tonifican sus músculos espirituales para fortalecerlos por el reino de Dios y escalan la montaña de la virtud heroica y del valor.

Los santos mantienen un nivel muy alto de energía. Debido a que continúan trabajando para mantenerse en buena forma espiritual, los santos pueden ayudar muchísimo para difundir el reino. Ellos ven lo que la Iglesia necesita en cierta época de la historia y no vacilan en arremangarse la camisa para hacer el trabajo necesario, a menudo ignorando los obstáculos. Los santos valientemente viven el reto del evangelio meticulosamente. Literalmente observan las exigencias radicales de Jesús: "Ustedes sean perfectos, como su Padre celestial es perfecto" (Mateo 5,48).

Los santos trabajan muy duro y constantemente para mantenerse en buena forma espiritual. Aunque han recibido un carisma especial y dones espirituales, los santos trabajan duro para "mantenerse en buena forma". Ellos viven el refrán, "A Dios rogando, y con el mazo dando". Ellos practican un enfoque muy realista en cuanto a la espiritualidad.

Los santos cumplen con su misión en la vida a un grado que va más allá del llamado normal a la bondad. Ellos trabajan muy duro y en serio cuando responden a las exigencias radicales de la Buenas Nueva. Ellos tropiezan, pecan, fallan; sin embargo, ellos vuelven a empezar y se comprometen de todo corazón a la gracia de Dios que obra en su interior. Ellos no son santos porque nunca fallan, más bien son santos porque tropiezan, se caen, vuelven a ponerse de pie y tratan otra vez. Los santos son "pecadores que siguen tratando".

Para los santos no hay puntos medios. Ellos viven con una dedicación y un compromiso total. Algunas veces ellos van a los extremos cuando viven su vocación de ser santos, cuando practican la virtud hasta el punto de una exageración que no tiene sentido, con tal de comunicar su mensaje.

Los santos se arriesgan a que se burlen de ellos porque se esfuerzan por mantenerse en buena forma espiritual. Debido a que sus criterios personales y las normas del mundo a menudo están en desacuerdo, a menudo los santos son calumniados. Ellos se arriesgan a ser "necios por Cristo" (1 Corintios 4,10) en un compromiso sin condiciones: "Porque para mí la vida es Cristo y la muerte una ganancia" (Filipenses 1,21).

Debido a que le hacen frente a la vida de una manera que va en contra de la cultura popular, los santos algunas veces son malentendidos y lo que hacen fácilmente se llega a malinterpretar. En inglés hay un refrán que dice "Vivir con los santos en el cielo es todo honor y gloria, pero vivir con los santos en la tierra es otra cosa" y lo podemos asociar con muchas personas santas.

San Francisco de Sales dijo: "La santidad no necesariamente consiste en ser extraño, sino en ser poco común". Los santos verdaderamente son una raza de cristianos poco común.

Los santos dominan el estrés cuando descansan en el Señor. Debido a que los santos saben como establecer sus prioridades, ellos se refugian en la intimidad con el Señor. La oración y la meditación los llevan a tener una relación más íntima con su Dios que les da significado a sus vidas. A veces el Señor revela el amor divino por medio de un éxtasis místico.

Los santos tienen grandes sueños por el reino de Dios. Ellos innovan e interpretan el mensaje del evangelio de unas maneras nuevas.

Los santos no están obsesionados con el progreso espiritual. Ellos llevan sus aureolas discretamente y encubren su santidad. De hecho, los santos no saben que son santos porque no se esfuerzan porque los demás sepan que lo son. Un amigo de la Madre Cabrini hablando de ella, dijo: "Yo la conocía bien y no sabía que era una santa, de hecho ella tampoco lo sabía".

Los santos habiendo recibido dones de Dios de maneras extraordinarias, los usan para el servicio del reino de Dios y no para su propia gloria.

Los santos conocen muy bien las técnicas para superar las crisis. Ellos parecen estar en el lugar adecuado en el momento apropiado. La Iglesia atormentada a menudo con el desorden y la confusión interna y externa sobrevivió y continúa prosperando porque los santos intervienen con soluciones apropiadas y a menudo revolucionarias. Cuando la Iglesia se enfrenta a muchos problemas, el valor de los santos guía a la Iglesia por todas las dificultades y es responsable de alcanzar la solución de los conflictos. Cuando el elemento humano en la Iglesia eclipsa su misión divina, cuando la Iglesia anda de una manera incierta en la herejía, el escándalo y la persecusión, los santos retan a las autoridades y vienen al rescate.

Consideremos a León el Magno que le hizo frente a Atila el huno. Recordemos a Catalina de Siena que retó al Papa a que regresara a Roma de Aviñón. La Iglesia sobrepasa sus momentos difíciles gracias a la audacia de sus santos.

Los santos tienen una vista perfecta. Ellos tienden a ver más que las personas comunes y corrientes. Con su vista de largo alcance los santos ven claramente las necesidades de la Iglesia y no tienen miedo de esforzarse y tratar de lograr lo imposible. Ellos ven más allá del exterior brusco de los pobres, de las llagas de los leprosos, de la torpeza de los ignorantes y la arrogancia del poder. Sus ojos perciben nuevas maneras de interpretar el evangelio y de vivirlo. Realmente sólo ven con el corazón. Los santos saben que las verdaderas cosas esenciales de la vida no se ven con los ojos.

Los santos tienen un gran sentido del oído y músculos fuertes. Cuando se trata del bienestar espiritual, los santos no necesitan un aparato de oído. Ellos no sólo oyen los gemidos de los oprimidos, de los ignorantes, de los que sufren, sino que escuchan atentamente cómo el Señor los llama para que respondan. Su sentido del oído va hasta el corazón porque escuchan tanto con el corazón como con sus oídos y practican lo que escuchan.

Los santos defienden todos sus principios y convicciones. Ellos nunca ceden ante la conveniencia, sino que sólo ceden ante la justicia y el amor. Los santos no tienen coyunturas entumecidas porque hacen ejercicio cuando les dan una mano al prójimo, especialmente a los necesitados.

A pesar de que están en "buena forma", los santos sufren de numerosas "enfermedades" de acuerdo a las normas humanas. Pero desde el punto de vista de Dios, estas "enfermedades" son el sello de la santidad.

Los santos tienen unos corazones muy grandes. Los corazones de los santos poseen una gran capacidad para el amor, la empatía y la compasión porque se dedican a ayudar a los necesitados. Sus corazones son muy grandes y abarcan a todos los que el mundo considera marginados.

Los santos se dedican por completo a los demás. Ellos se dedican incansablemente por defender la causa de todas las necesidades humanas. Ellos "mueren a sí mismos" mucho antes que su cuerpo mortal. Ellos se identifican con el sufrimiento de los demás y cargan con sus cruces con ecuanimidad y valor. Ellos arriesgan sus vidas por los demás con alegría.

Los santos son extremadamente alérgicos (al mal y al pecado). Su integridad cristalina hace que sean muy sensibles a las discrepancias que los rodean. Los santos son extremadamente alérgicos a los males y a las discrepancias de hoy y hablan valientemente en contra de cualquier cosa que no representa la bondad. Los santos sufren mucho porque el mal y el pecado los disgustan. Ellos ven y experimentan las normas mediocres de este mundo, lo cual deja una impresión muy dolorosa en sus almas tan sensibles.

Los santos tienen muy poca tolerancia para el dolor. Ellos sienten el dolor de los demás y lloran con ellos. Su llamado es: "Tu dolor en mi corazón". Los santos no lloran mucho por ellos mismos, sino por el dolor y por el sufrimiento de los demás. Ellos son vulnerables y a menudo sienten mucho dolor porque sienten profundamente los sufrimientos del mundo.

Los ojos de los santos están muy cansados y se cansan todavía más porque claman contra los males de la sociedad. Ellos se identifican con las personas que sufren. Cuando la violencia y la inhumanidad son los titulares de los periódicos, los santos ofrecen esperanza y confianza. Consideremos las virtudes heroicas del Padre Damián sacerdote de los leprosos y de Maximiliano Kolbe que sacrificó su propia vida en un campo de concentración nazi para salvar la de un padre de familia.

Los santos sufren porque tratan de hacer todo lo que se debe hacer. Debido a que los santos perciben lo que se *debe* hacer para fomentar el reino de Dios, ellos no se detienen ante nada al tratar de cumplir con la voluntad divina. Una vez que se dan cuenta de que han sido llamados a realizar una misión, ellos trabajan con una pasión insaciable y con una motivación evangélica para llevar a cabo sus convicciones.

La mayor parte del progreso de la Iglesia y muchos de sus movimientos novedosos se han logrado porque los santos sufren de esta manera. No existe ningún obstáculo humano que los detenga porque están firmemente convencidos de que Dios los llama a cumplir una misión específica. Consideremos a Juana de Arco, la joven campesina francesa que llevó al ejército francés a la victoria.

Conclusión

Aunque nosotros los católicos creemos que todos vamos hacia Dios por medio de Jesucristo que es nuestro mediador, también creemos que los santos son conductos eficaces de las bendiciones que Dios nos da. Creemos que los santos apoyan nuestros esfuerzos por mantenernos en buena forma espiritual, que nos retan para que vayamos más allá de lo mínimo, para que seamos más de lo que somos, para que logremos nuestro potencial de bondad y de perfección. Nosotros dependemos de los santos para que nos indiquen el camino correcto porque vemos que sus vidas encarnan los ideales a los cuales somos llamados. Los santos nos atraen porque podemos relacionar nuestros sufrimientos con los de ellos.

Las vidas de los santos, más que miles de sermones, nos animan en nuestros esfuerzos por alcanzar la santidad. Los preceptos no convierten, pero las personas sí lo hacen. Las vidas y no los discursos son las que nos dan los modelos de santidad. Los santos hacen esto. Consideremos que los santos son abogados poderosos ante Dios y ayudan en momentos de necesidad y nos desafían para que alcancemos un mayor grado de santidad.

Los santos generan un poder divino. Ellos son el alma de la Iglesia y le dan energía cuando sufre, trayéndole calma y serenidad en momentos de sufrimientos y de problemas. Las voces proféticas de los santos claman contra los males y proclaman nuevas maneras de interpretar el Evangelio.

PARTE II

El proceso de la canonización

Dios nos crea de la nada—
pero Dios hace mucho más.
Dios hace santos de pecadores.

Sören Kierkegaard

Los cambios del proceso de reconocimiento de la santidad

En cada época de la Iglesia, innumerables hombres y mujeres han vivido la fe de manera ejemplar. Estas personas constituyeron la fuerza que llevó a la Iglesia a todos los países. La Iglesia honra a esas personas con el título de "santo", personas que dotadas de conocimientos y visiones especiales han realizado los valores del Evangelio con un compromiso radical.

325
787
1321
1545
2000

La manera como la Iglesia ha llegado a reconocer la grandeza de estas almas nobles ha cambiado con el tiempo. De la misma forma, la manera como la Iglesia define la palabra "santidad" ha cambiado también. La línea del tiempo que sigue indica el desarrollo de este proceso a través de la historia.

La época de los apóstoles: La palabra "santo" se deriva de la palabra del latín *sancti* que significa "lo que es sagrado". La palabra se usó por primera para referirse a una persona bautizada en el nombre de Cristo. Pablo exhorta a la Iglesia en Filipos a que "Saluden a todos los creyentes en Cristo Jesús" (Filipenses 4,21), y él escribió "...a los creyentes de Colosas, hermanos fieles en Cristo" (Colosenses 1,2). Muchas de las personas que se comprometieron totalmente a Jesús murieron por la fe que profesaban. Más tarde los seguidores de Jesucristo recibieron el nombre de "cristianos" y los que murieron en Cristo recibieron el nombre de "santos".

64-313 d.C. (Época de persecución): Durante las persecuciones realizadas por el Imperio romano, muchas personas que profesaban su creencia en Jesucristo murieron por su fe. Se les llamó "mártires" una palabra que viene de la palabra griega *martyrion*, que significa "testigo". Se consideraba que sacrificar la vida por Jesucristo era la prueba máxima de la santidad.

Una práctica muy común de los primeros cristianos era la de rendirles homenaje a los mártires en sus tumbas. El aniversario de la muerte del mártir se celebraba con una liturgia en la tumba o en el lugar del martirio. Se creía que las oraciones que se le dirigían a Dios por medio de la intercesión de los mártires eran muy poderosas. Se construían iglesias en las tumbas de los mártires y con el tiempo se colocaron reliquias de los mártires en la construcción de los altares, una práctica que todavía existe hoy día.

Cuando las persecuciones terminaron, la veneración de los mártires continuó y de hecho aumentó en el siglo III y IV. Las historias de las persecuciones se contaban de generación en generación una y otra vez y, al igual que pasa con todas las historias que se transmiten oralmente o de palabra, los detalles se exageraron. Las supersticiones empezaron cuando a través de los años se les añadieron detalles milagrosos a esas historias. Poco a poco las reliquias y los restos de los mártires se convirtieron en una manera de mantener viva la memoria de su fe heroica.

La veneración de los santos se le puede atribuir a la fe de los cristianos comunes y corrientes. No es una práctica que las autoridades de la Iglesia impusieron.

300-500 d.C. (Época de confesores y ascéticos): El Edicto de Milán (313 d.C.) permitió que los cristianos practicaran su fe libremente y así el martirio "en grupo" fue cosa del pasado. Los ascéticos se convirtieron en modelos de santidad por su "martirio personal" en las prácticas personales del desprendimiento total, del ayuno y de la oración. Los fieles continuaron honrando a las personas santas, especialmente a las vírgenes, a los confesores que dieron testimonio de la fe y a los apologistas que escribieron en defensa de la fe.

Durante esta época el culto de los santos y de los mártires creció rápidamente. Se construyeron capillas e iglesias en las tumbas de los santos, cada pueblo y aldea tenía su santo patrón o santa patrona y listas de los santos de una localidad se intercambiaban con otras iglesias. De pronto las listas o "cánones" de los santos se multiplicaron. El criterio básico para la santidad era poseer una reputación de santidad y la aprobación del obispo.

500-1000 d.C. (Principios de la Edad Media): El papa Gregorio Magno (590-604 d.C.) estabilizó la liturgia, inició un calendario litúrgico y animó el culto de los santos cuando incluyó los nombres de los santos en la Plegaria Eucarística y al celebrar sus días. La devoción a los santos se difundió más cuando los misioneros llevaron las historias de estos héroes a los pueblos que convertían.

Pero en este momento la Iglesia estaba en medio de la confusión. Aunque los obispos locales permitían las devociones en honor a las personas cuyas vidas daban testimonio de mucha virtud y de milagros, el pueblo generalmente era quien proclamaba a las personas santas. El culto de los santos locales probablemente se originó debido a que se habían recibido favores por la intercesión de la persona que había muerto. La reputación de la ayuda que la persona santa concedía aumentó.

En ese entonces el método básico de comunicación era por medio de las historias que se contaban de palabra y por eso es fácil ver cómo los relatos de estas personas santas se mejoraban cuando eran narradas. Sabemos lo que pasa cuando una historia pasa de boca en boca. Las leyendas que han venido del pasado han cambiado después que varias generaciones las han relatado.

1000-1200 d.C. (El comienzo de las canonizaciones papales): Después del cisma ortodoxo en el año 1054, el obispo de Roma continuó ejerciendo su influencia en la Iglesia occidental. Roma el centro de la Iglesia occidental, empezó a establecer normas en todos los aspectos de la vida de la Iglesia, incluyendo la afirmación de la santidad. Sin embargo, poco a poco la Iglesia se dio cuenta de que los abusos empiezan fácilmente cuando la santidad de alguien se decide por medio de un voto popular. Por eso fue que el Papa empezó a ser el responsable en estos asuntos. Consta que la primera canonización en Roma fue la canonización de Ulrich, el obispo de Augsburgo, en el año 993 d.C. por el papa Juan XV. Ya para el año 1200, la Santa Sede se reservaba el derecho de canonizar.

El Cuarto Concilio de Letrán en el año 1215 inició los procedimientos para las leyes de la Iglesia e incluyó normas generales para la santidad. Sin embargo, estas normas no se impusieron de manera muy estricta.

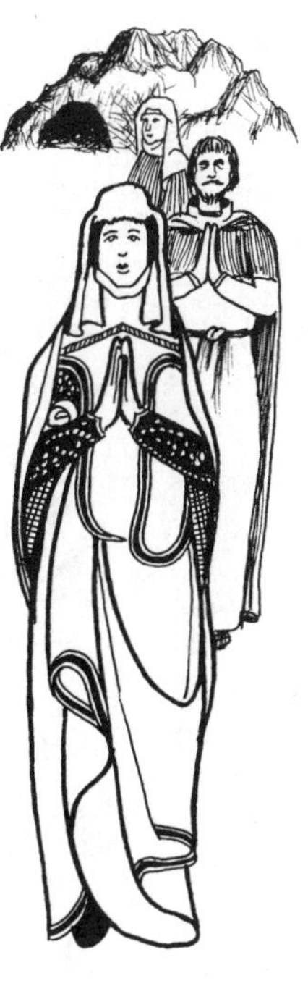

1200-1500 d.C. (La Edad Media): Esta fue una época de inestabilidad para la Iglesia. Debido a que las oraciones de los rituales eran en latín y que las personas comunes y corrientes no las podían entender, el pueblo se sentía apartado. Por eso acudieron a otras prácticas piadosas, como por ejemplo, la devoción a los santos. Aunque el papado se reservaba el derecho de canonizar oficialmente, las personas aclamaban a sus propios santos.

Esta también fue una época cuando la devoción al aspecto humano de Cristo cobró popularidad: por ejemplo, el Belén durante el tiempo de Navidad y el Vía Crucis que conmemora la pasión del Señor. Era lógico que al mismo tiempo que aumentó la devoción a la humanidad de Cristo también aumentara el culto a María y a los santos. Los detalles de las vidas de los santos cobraron la misma popularidad que tiene hoy día la prensa amarillista. Las personas conocían a sus santos mejor que conocían las Escrituras.

Durante esta época las devociones populares aumentaron y los lugares de peregrinación se multiplicaron. Cada pueblo y aldea honraba a un santo o a una santa especial y a menudo se tenía una celebración civil el día del santo. Esta costumbre todavía existe en algunos barrios en los Estados Unidos donde viven personas de la misma cultura. Aunque los líderes de la Iglesia desanimaron los excesos y las exageraciones, lo que las personas escogían predominaba y las devociones a los santos aumentaban.

Aquellos santos que se habían hecho famosos por sus poderes de intercesión en casos específicos se establecieron rápidamente como "santos patrones" de alguna necesidad humana específica. Por eso es que la lista de santos patrones para cada causa ha crecido y todavía existe hoy día.

Las canonizaciones continuaron pero muchos de los santos que murieron en el siglo doce y trece fueron canonizados poco después de su muerte sin que se hiciera ninguna investigación ni ninguna distinción entre la beatificación y la canonización.

1500-1600 (La Reforma y el Concilio de Trento): Los reformadores protestantes rechazaron a los santos como intermediarios ante Dios. Ellos creían que Cristo era el único intermediario. Ellos razonaban que los santos le quitaban importancia a Cristo. A veces las reacciones violentas de los reformadores causaron la destrucción de imágenes, de estatuas y de obras de arte.

Sin embargo, el Concilio de Trento (1545-1563) confirmó la práctica católica de la devoción a los santos e impuso unas normas comunes para las canonizaciones. En el año 1588 el papa Sixto V estableció la Sagrada Congregación de los Ritos para estudiar las vidas de las personas santas recomendadas para la canonización.

En el año 1634, el Papa Urbano VIII propuso unas normas para el proceso de la canonización, y la beatificación se convirtió en una paso por separado. Las canonizaciones continuaron al igual que continuaron las prácticas piadosas y las leyendas acerca de los santos.

1600-1960: Alrededor del año 1630 un grupo de jesuitas belgas, bajo la dirección de Jean Bolland, comenzó la tarea de examinar todas las vidas de los santos para separar las leyendas de los hechos históricos. Los libros que formaron, *Acta Sanctorum*, documentan las vidas de los santos con mucha precisión y eliminan las leyendas. Las investigaciones que ellos hicieron han sido una gran ayuda para la Iglesia y continúan siéndolo.

En el año 1738 el Papa Benedicto XIV discutió la canonización en un tratado titulado "Sobre los siervos de Dios beatificados y la canonización de los santos". El Código de Derecho Canónico adaptó estas normas en el año 1917 y se observaron hasta el año 1983 cuando en Roma se publicó "Las nuevas leyes para las causas de los santos".

El Concilio Vaticano II (1962-1965): Renovó casi todos los aspectos de la Iglesia y quiso restablecer el balance en la espiritualidad y así hacer que la Iglesia cobrara más significado en la época moderna. Para enfocar a Jesucristo como el centro de la liturgia, se efectuaron unos cambios radicales obvios que afectaron en especial la piedad católica y la devoción a los santos.

Por ejemplo, el altar de sacrificio se convirtió en el centro de atención y las estatuas de los santos se pusieron en lugares más discretos. Como es natural, los católicos que les tenían unas devociones especiales a los santos se enojaron cuando quitaron las estatuas o cuando las pusieron en otros lugares más discretos. Aunque el Concilio Vaticano II no eliminó por com-

pleto las estatuas de los santos de las iglesias, sí advirtió que se pusieran "con moderación en el número y guardando entre ellas el debido orden" (*Constitución de la Sagrada Liturgia*, #125). Y además instruyó que los fieles pusieran las devociones a los santos en perspectiva y que mantuviera un balance: "Enseñen, pues, a los fieles que el verdadero culto a los santos no consiste tanto en la multiplicidad de actos exteriores cuanto en la intensidad de un amor activo,..., nuestro trato con los bienaventurados,..., de ninguna manera rebaja el culto latréutico tributado a Dios Padre por medio de Cristo en el Espíritu, sino que más bien lo enriquece copiosamente" (*Constitución Dogmática sobre la Iglesia*, #51).

Revisión del calendario romano

Una de las reformas del Concilio Vaticano II fue la revisión del calendario romano de los santos que el papa Pablo VI hizo en el año 1969.

La carta apostólica, *La celebración del misterio pascual*, indica unos principios definidos que tienen que ver con la veneración de los santos:

- Se analizaron críticamente la historia y las vidas de los santos en el calendario litúrgico.
- Se redujo el número de días festivos de los santos.
- Se eliminaron muchas de las fiestas de los santos de la observancia litúrgica. (Sólo aquellos santos que tienen un significado universal son los que aparecen en el calendario general de la Iglesia y representan cada época y cada raza).

La Iglesia, debido a que no se tenían datos históricos de algunos santos, suprimió ciertas fiestas litúrgicas. En contra de lo que se pensaba, la Iglesia "no contraindicó la canonización" de estos santos ni "se deshizo de ellos". Simplemente eliminó los días cuando se celebraban a estos santos en la liturgia. Sin embargo, las oraciones y las devociones privadas a esos santos pueden y de hecho continúan.

La Congregación para las Causas de los Santos

En el año 1969 el papa Pablo VI dividió la Congregación de los Ritos en la Congregación para el Culto Divino y la Congregación para las Causas de los Santos. Además de supervisar todas las causas que se presentan para la santidad, la Congregación para las Causas de los Santos es responsable de preservar las reliquias y de conferir el título de "Doctor" o "Doctora". Ejerció esta última responsabilidad cuando les dio el título de Doctora de la Iglesia a Catalina de Siena y a Teresa de Ávila, las primeras mujeres en recibirlo.

El culto de los santos y el Derecho Canónico revisados

El libro IV del Código de Derecho Canónico (cánones 1186-1190) que se revisó en 1983 trata del culto que se le ofrece a los santos, a las imágenes sagradas y a las reliquias. La misma confirma y promueve la devoción que la Iglesia tiene por los santos, pero sólo permite la veneración pública de los que han sido beatificados o canonizados. El canon 1403 dicta que la ley pontifical especial es la que rige los casos de canonización.

El nuevo Código de Derecho Canónico también revisó el asunto de los nombres que se dan en el bautismo. El Concilio de Trento declaró que el nombre bautismal tiene que ser el de un santo. Si el nombre que se escogía no era el de un santo, se tenía que sustituir por uno que lo fuera. Hoy día aunque todavía se anima a las personas a continuar la costumbre de darle el nombre de un santo o de una santa a un hijo o a una hija, el Código revisado del Derecho Canónico (canon 855) declara que el nombre que se da en el bautismo "no sea ajeno a los sentimientos católicos".

Las etapas del proceso de canonización

Aunque el papa Juan Pablo II extendió nuevas normas para declarar que alguien es un santo o una santa (*La enseñanza de la divina perfección*, 1983), el proceso de canonización todavía es muy complejo. Las reglas más recientes hacen hincapié en que se usen la evidencia científica e histórica junto con un proceso espiritual de discernimiento en la investigación de las causas de los santos. La Congregación para las Causas de los Santos, el grupo administrativo del Vaticano que es responsable de la beatificación y de la canonización, examina cuidadosamente cada caso.

Para ser declarado santo o santa, la persona tiene que haber demostrado virtudes obvias personales y heroicas. Sin embargo, el proceso de canonización avanza sólo si existe el clamor del público, si la presión diplomática y los fondos adecuados también están disponibles. Aunque puede que los pasos del proceso tomen mucho tiempo se sabe cuales son.

El inicio de la causa para la santidad: La jornada hacia la santidad empieza con el obispo local, en cuya diócesis la persona vivió. El obispo tiene que dar prueba adecuada de la virtud heroica y de la reputación de santidad a nivel local. El obispo local nombra a un postulador que es responsable de compilar todos los documentos del caso. Después se le presentan a la Congregación para las Causas de los Santos en Roma los detalles de la vida de la persona, los recuentos de los testigos que conocían a la persona y todos los escritos y comunicaciones de la persona. Entonces la Congregación analiza todo meticulosamente y determina si está en orden. Debido a que los gastos relacionados con este proceso pueden ser considerables, "los patrocinadores" apoyan la causa y contribuyen con dinero para mantener la causa activa. Muchísimos de los santos que han sido canonizados desde que se estandardizó el proceso de la canonización han formado parte de comunidades religiosas o han ocupado una posición importante en la Iglesia. Esto no debe sorprendernos cuando consideramos el hecho que el proceso es complejo, caro y que muchas personas tienen que estar lo suficientemente interesadas en el proyecto y lo suficientemente comprometidas para llevar el proceso hasta el punto de la canonización.

La aceptación de la causa ("venerable"): Cuando Roma acepta y aprueba los documentos relacionados con la persona que ha sido recomendada para la santidad, se considera que la persona es "venerable" y se permite que se le tenga una devoción personal. Generalmente la causa de la persona continúa el proceso hacia a la beatificación. Sin embargo, algunas veces la causa se paraliza y la persona sigue siendo "venerable", posiblemente porque no se ha realizado ningún milagro que se requiere para la beatificación o por alguna otra causa legítima.

"Beato" o "Beata": La Congregación para las Causas de los Santos examina intensamente la vida, las virtudes, la reputación de santidad, el ministerio y los escritos de la persona. Se exige un milagro para ser designado "beato" o "beata". Esto generalmente es una curación física que se puede probar definitiva y científicamente que indica que las leyes naturales se han sobrepasado por medio de la intercesión de la persona que se considera como candidata para la santidad. A las personas que mueren como mártires no se les requiere de un milagro.

Cuando se "prueba" un milagro auténtico por la intercesión del "beato" o de la "beata" y después que la Congregación da su visto bueno, el asunto se le presenta al Papa. Si el Papa juzga que la santidad de la persona es ejemplar, se declara que es "beata". Este proceso se llama "beatificación".

La ceremonia de beatificación incluye una declaración papal de la santidad de la persona, una Misa solemne y una oración dirigida "al beato" o a "la beata". Se le puede rendir homenaje a la persona con una Misa específica y con oraciones en la Liturgia de las Horas solamente en una diócesis, en un país o en una comunidad religiosa. La persona no se inscribe en el calendario oficial de la Iglesia universal hasta que no sea canonizada.

La beatificación ya no es un proceso por sí solo, sino un paso preliminar hacia la santidad, porque la canonización es la meta final. Hasta hace poco la ceremonia de beatificación se llevaba a cabo en Roma. Debido a que el Papa Juan Pablo II viaja muchísimo, él ha usado la oportunidad para beatificar en otros lugares.

Por ejemplo, el beato Pedro Torot, un catequista laico de Papúa-Nueva Guinea, que fue martirizado por su fe en el año 1945, fue beatificado en junio del año 1994 cuando el Papa visitó el Mar Pacífico.

Algunos beatos "famosos" de los Estados Unidos incluyen a la Madre Catalina Drexel, fundadora de las Hermanas del Santísimo Sacramento, Kateri Takakwitha una mujer indígena que se convirtió al catolicismos a quien se le llamaba "el Lirio de los mohawks" y el Padre Junípero Serra, pionero en las misiones de California.

"El equivalente de la beatificación o de la canonización": Puede que el Papa decida eliminar algunos procedimientos, por ejemplo, la exigencia de un milagro o unas investigaciones adicionales de la vida de la persona, por medio del "equivalente de la beatificación o la canonización". Generalmente, esto lo determina cuando la reputación ya ha sido establecida, como en el caso de Fra Angelico, el artista del Renacimiento que el papa Juan Pablo II beatificó en el año 1983.

La canonización: Después de la beatificación, las investigaciones continúan, aunque puede que las causas se demoren mucho tiempo. (Hoy día hay muchas causas "en aplazamiento", el tiempo entre la presentación de la causa y la canonización). Generalmente, para adelantar la causa de la persona hacia la santidad, se exige que ocurra un segundo milagro.

El Papa pronuncia la canonización de un santo en una declaración formal e infalible conocida como "una bula apostólica" y la ceremonia de la canonización generalmente se celebra en medio de la pompa de la Basílica de San Pedro en Roma. El Papa declara que la persona está en el cielo, que merece la veneración pública y entonces se le incluye en el calendario litúrgico de la Iglesia universal. La declaración oficial de un santo o de una santa:

- permite la honra pública, la veneración de la persona y sus reliquias
- permite que las iglesias lleven el nombre del santo o de la santa
- permite que se ponga la fiesta litúrgica en el calendario universal de la Iglesia
- permite que se exhiban públicamente las imágenes de esa persona

La enseñanza oficial de la Iglesia

El catecismo de la Iglesia católica, publicado en el año1993, expone las enseñanzas de la Iglesia en cuanto a los santos. El número que está al final de cada uno de los resúmenes que siguen indica el número del párrafo correspondiente en el *Catecismo*.

La obra de salvación y la comunicación del Espíritu continúan manifestándose por medio del testimonio de los santos (686, 688).

La Iglesia honra a los santos que están en el cielo, los reconoce oficialmente al canonizarlos, nos los presenta como modelos y anima a los fieles a rezarles para que intercedan ante Dios por los fieles (956, 957, 962).

A través de todas las épocas de la Iglesia, personas que se han destacado por su santidad han sido reconocidas como ejemplos a seguir. El proceso de canonización reconoce el poder continuo del Espíritu que obra en la Iglesia (828).

Todos los fieles están unidos en una unión espiritual y comparten los dones espirituales de la Iglesia por medio de la comunión de los santos. Todos los que están unidos íntimamente con Cristo –los santos en el cielo– interceden por los fieles que están aquí en la tierra (946-959).

Descubrimos la santidad en la Iglesia en la larga historia de sus santos y celebramos a los santos en el ciclo santoral del año litúrgico (2030).

Las imágenes de los santos honran el recuerdo de lo que representan y nos acercan a Dios a quien solamente adoramos (2131, 2132).

El nombre de un santo o de una santa se puede conferir en el bautismo como un modelo de alguien a quien imitar (2156).

La vitalidad y la productividad de la Iglesia se han logrado más que nada por medio de las palabras y las obras de hombres y mujeres santos que trabajaron sin descanso para difundir el reino de Dios. Cada época, bendecida con sus santos tan dedicados, ha sobrevivido muchas crisis gracias a ellos.

Conclusión

La canonización es lo que la Iglesia tiene para reconocer a las grandes personas de una manera solemne. En comparación a las muchas que merecen los honores, la canonización continúa siendo un evento raro y excepcional. Se reserva sólo para unos pocos, comparado con el gran número de personas que han seguido a Jesús de manera perfecta y han demostrado una virtud ejemplar.

Debido a que la canonización es un proceso complejo y largo, muchas personas que verdaderamente merecen ser canonizadas, continúan en el anonimato y sólo Dios las conoce. De hecho, puede que tengamos unas sorpresas muy placenteras cuando lleguemos al cielo y encontremos que algunas de las personas que menos esperábamos que iban a ser veneradas, gozan de la misma intimidad con Dios que las que estimábamos mucho aquí en la tierra.

PARTE III

La devoción y la veneración de los santos

El santo no es santo sólo porque es bueno; más bien una persona es santa porque refleja algo más que a sí misma.

Anónimo

¿Por qué los católicos le rezan a los santos?

La devoción a los santos se basa en una creencia en la comunión de los santos que nosotros los católicos afirmamos cada vez que rezamos el Credo. Creemos que estamos unidos en una relación íntima y espiritual, unidos en la gracia y en el amor de Dios. Los santos, las almas que están en el purgatorio y nosotros los peregrinos aquí en la tierra formamos "un solo cuerpo, el bien de los unos se comunica a los otros" (*Catecismo de la Iglesia católica*, 947). Aquellos que están en el cielo nos ayudan a nosotros aquí en la tierra y nosotros aquí en la tierra oramos por quienes están en el purgatorio.

Los santos, al mantenerse interesados por las cosas de aquí de este mundo, nos dan un sentido de contacto y de comunidad. Cuando les rezamos a los santos, les pedimos que le recen a Dios por nosotros. En la vida nosotros también usamos intermediarios para que aboguen por nosotros. Cuando éramos niños puede que le hayamos pedido a mamá que le pidiera algo que queríamos a papá. "Pídeselo por mí", es algo que decimos cuando queremos que otras personas pidan cosas por nosotros. Así también les pedimos a los santos que nos ayuden.

Sin embargo, al contrario de lo que comúnmente se cree, los católicos no adoran a los santos, aunque a veces la piedad exagerada da esa impresión. El tributo que les damos a los santos es diferente de la adoración que le damos a Dios. Sin embargo, como modelos de virtud los santos son dignos de honra y cuyos modelos de vidas pueden ser ejemplos a seguir.

Nosotros usamos palabras que vienen del latín para expresar la diferencia entre la adoración divina y la veneración de los santos. La palabra *latria* es la adoración que sólo les damos a Dios y a Jesús. El honor que le rendimos a los santos y a los ángeles es de un tipo diferente y a un grado diferente. Se llama *dulia*, que se puede traducir como "un respeto propio y apropiado".

Devoción litúrgica pública que se le da a los santos

Cuando se canoniza a una persona como santa, la Iglesia proclama que la misma puede recibir una veneración pública. A través de los años la Iglesia ha venerado a los santos en la liturgia y en conmemoraciones oficiales.

Las Plegarias Eucarísticas: Los nombres de los santos se han incluido en la Plegaria Eucarística (el Canon de la Misa) desde la época de Gregorio Magno. La liturgia renovada del Concilio Vaticano II da cuatro opciones para las Plegarias Eucarísticas en las cuales se invoca la intercesión de los santos.

La primera Plegaria Eucarística enumera la antigua lista de los nombres de los santos: "Reunidos en comunión, veneramos...." La lista incluye a muchos mártires y santos de la Iglesia de los primeros años. En la segunda Plegaria Eucarística oramos que "cuantos vivieron en tu amistad a través de los tiempos, merezcamos, por tu Hijo Jesucristo, compartir la vida eterna". En la tercera opción oramos para que "gocemos de tu heredad junto con tus elegidos..., y todos los santos..." y los nombres de los santos se pueden mencionar aquí. En la cuarta opción rezamos "que todos tus hijos nos reunamos en la heredad de tu reino, con María, la Virgen Madre de Dios, con los apóstoles y los santos..."

El calendario litúrgico: El calendario litúrgico se planea de una manera que cada año celebra los misterios de Jesucristo en ciclos y tiempos especiales: Adviento, Navidad, Cuaresma, Pascua, Pentecostés y el Tiempo Ordinario. Poco a poco, concurrente con los tiempos litúrgicos, se desarrolló otro ciclo de fiestas en honor a los santos, "el ciclo santoral". Con el tiempo este calendario se llenó con tantos santos que se eclipsó el significado de los misterios de la salvación de los tiempos litúrgicos. Por lo tanto, en el calendario romano revisado el año de 1969, el número de las fiestas de los santos ha sido drásticamente reducido para que las fiestas que conmemoran los misterios de la salvación tengan precedencia. Las fiestas de los santos se observan como solemnidades, fiestas o memoriales obligatorios según la importancia que tengan para la Iglesia universal.

Además de aquellas fiestas en honor a Jesús y María, las solemnidades de los santos son: José, padre adoptivo de Jesús, el 19 de marzo, el nacimiento de Juan Bautista, el 24 de junio, los apóstoles Pedro y Pablo, el 29 de junio y todos los santos, el primero de noviembre. En muchos países estos son días de obligación de ir a Misa. En los Estados Unidos, sólo la solemnidad de todos los santos, el primero de noviembre, se considera como uno de los seis días de obligación.

Los santos cuyos memoriales se clasifican como "fiestas" incluyen a los apóstoles, a los evangelistas y a los mártires (Pablo, Esteban, Lorenzo y los santos inocentes). La fiesta de los arcángeles, que se celebra el 29 de septiembre, también se observa como una "fiesta".

Adviento
Navidad
CUARESMA
Pascua
PENTECOSTES
TIEMPO
ORDINARIO

Los santos que la Iglesia universal considera importantes se recuerdan en memoriales obligatorios que tienen que ser conmemorados si no hay otra fiesta que sea de mayor importancia. Los memoriales obligatorios en el calendario romano revisado el año de 1969 reflejan el carácter universal y multicultural de la Iglesia. Algunos de los santos en los sesenta y nueve memoriales obligatorios (de acuerdo al misal romano) que se observan en los Estados Unidos incluyen a Inés, Agueda, Pablo Miki y compañeros mártires, Policarpo, Felipe Neri, Justo, Bonifacio, María Magdalena, la Madre Cabrini, Juan Neuman y Pedro Claver.

Los santos que tienen importancia para un país, para una iglesia o para una comunidad religiosa específicos se recuerdan con la observancia litúrgica en memoriales opcionales. Cuando no hay ninguna otra fiesta que la suplanta, el sacerdote puede optar por celebrar la liturgia en honor de los santos.

La Liturgia de las Horas: Los santos también se conmemoran en la oración litúrgica pública y diaria de la Iglesia: la Liturgia de las Horas. Se santifica cada día y se unifica la Iglesia a través de la oración comunitaria del clero, de los religiosos y de los laicos que se unen a los santos en su intercesión ante Dios por el bien de toda la Iglesia.

La piedad personal y la devoción a los santos

Nosotros también nos relacionamos y nos comunicamos con el mundo espiritual en términos personales. Esta espiritualidad se expresa de varias maneras y se desarrolla igual que nuestra personalidad y nuestro crecimiento. Cada uno de nosotros tiene una espiritualidad única por la cual nos acercamos y hacemos amistad con Dios. Los católicos tenemos muchísimas maneras de expresar nuestra fe personal y "el culto" de los santos es una de ellas. Las maneras más comunes que tenemos de honrar y de respetar la memoria de los santos son por medio de varias oraciones y representaciones visuales.

Usamos la palabra "culto" para definir nuestra piedad personal y la devoción que les tenemos a los santos y cómo expresamos esta relación en prácticas piadosas. Esto es lo contrario de la manera despectiva como el mundo usa la palabra "culto".

Las oraciones: Como seres humanos que somos, somos grandes "oradores". Cuando nos sentimos impotentes ante los misterios y los problemas de la vida, nuestra naturaleza humana tiende a acudir a la oración como la fuente del poder y de la fuerza.

Una de las maneras más comunes que los católicos tenemos de rezarles a los santos es por medio de la oración de intercesión, en la cual les pedimos a los santos que intercedan ante Dios por nosotros para alcanzar un favor especial.

Creemos que Dios escucha nuestras oraciones por medio de la intercesión de los santos, y por eso les pedimos a los santos que le recen a Dios por nosotros. Nos unimos con los santos y le rezamos a Dios. Los santos tienen "influencia" con Dios, pero no tienen ningún poder divino por sí mismos.

Las oraciones que les dirigimos a los santos pueden ser espontáneas o frases ya establecidas que han sido compuestas por otras personas, como las que se encuentran en algunas estampitas o en los libros de oraciones. Las oraciones a los santos concluyen con "por Cristo nuestro Señor" porque las respuestas a nuestras oraciones nos llegan por los méritos redentores de Jesús, que es el mediador de la gracia y de las bendiciones de Dios.

Las letanías: Una letanía es una serie de invocaciones cortas que un líder reza y entonces la congregación responde con una respuesta breve como "ruega por nosotros". La Letanía de los Santos, la más antigua y la más popular de las letanías, se reza durante la devoción de las Cuarenta horas, en la víspera de la Pascua, en las ordenaciones sacerdotales y en las profesiones religiosas. Se puede rezar una versión corta en los bautizos y en las confirmaciones. Otras letanías que se han aprobado para el uso público son las letanías de Loreto (María), del Sagrado Corazón, del Santo Nombre, de la Preciosa sangre y de San José. Todas las demás letanías sólo son para rezarlas en privado.

Las novenas: En momentos de mucha necesidad, los católicos pueden optar por rezar una "novena". Una novena es una serie de oraciones que se dicen en alta voz con otras personas o en privado durante nueve días consecutivos. No se exige que se tenga una fórmula prescrita, sino que las personas invoquen la ayuda de un santo en particular que tiene fama de ayudar en ciertas situaciones o por una intención especial. Algunas veces las novenas públicas se rezan antes del día de un santo o una santa. La tradición de la novena se remonta a la época de los apóstoles, que esperaron nueve días en oración esperando la venida del Espíritu Santo.

Las cuentas del rosario: Las personas, por siglos y hasta de otras religiones, han usado cuentas para ayudarlas a concentrarse en la oración. El rosario es la manera más común de usar las cuentas en la Iglesia católica pero, como ayuda para meditar las virtudes de un santo en particular, se han desarrollado otras devociones con el uso de las cuentas.

Las representaciones artísticas: El arte sagrado, que viene de la inspiración y la visión de los artistas, ha preservado muy bien la herencia que los santos han dejado. Igual que nosotros guardamos fotos como recuerdos que atesoramos de nuestros seres queridos, los católicos han usado desde el principio las estatuas, las medallas y las imágenes como recuerdos de los santos y como ayudas en sus devociones. A las imágenes se les dan lugares especiales, se les adorna con flores, se les encienden velitas y a menudo se les besa con reverencia. Las bendiciones que asociamos con estos objetos les dan un lugar aparte y los separa como "sagrados".

Los santos han inspirado algunas de las obras de arte más importantes del mundo occidental. Esta inspiración se ha expresado de muchas maneras y por muchos medios: los mosaicos, los frescos, los murales, las estatuas, los lienzos, las vidrieras de colores, los manuscritos iluminados, los grabados y otros.

El arte cristiano del principio se simbolizaba más de una forma oculta en vez de imágenes. Pero las imágenes sustituyeron las reliquias de los mártires cuando éstas empezaron a escasear.

Por supuesto, hubo una vez cuando se consideró que todas las imágenes eran idólatras. Esto vino de las creencias judías e islámicas que enseñaban que no se podía representar a Dios a través de una forma. Sin embargo, el Segundo Concilio de Nicea en el año 787 rechazó esta idea, conocida por el nombre de iconoclasia, y aprobó el uso de imágenes en las iglesias. Hoy día, las iglesias cristianas ortodoxas se abstienen de usar estatuas tridimensionales y representan lo sagrado en superficies planas de dos dimensiones.

En épocas cuando no existía la fotografía, los artistas se enfrentaron con el problema de cómo representar a los santos. Ellos trataron de presentar a los santos de una manera espiritual para que se pudieran identificar fácilmente. Por lo tanto, los artistas desarrollaron y usaron emblemas y símbolos que claramente indicaban lo que los santos representaban. A menudo usaban el lugar donde los santos habían nacido como el fondo de la obra de arte.

Por ejemplo, los emblemas o la ropa que los santos vestían nos ayudan a identificar y a comunicar el significado interior de la virtud que se asocia con ellos. A menudo los santos tienen un símbolo en la mano como una iglesia o un monasterio, una palma, una espada, una pluma, una pluma de ave, un libro, alguna comida, una flor o algún instrumento de tortura por los cuales los podemos reconocer.

Al principio del siglo quinto, los artistas usaban el halo para indicar que la persona era santa. Esta idea se tomó de los griegos y de los romanos que usaban el halo para demostrar una asociación muy íntima con los dioses. Un halo es diferente de una aureola porque ésta es una luz que rodea todo el cuerpo, como se puede ver en la escena de la resurrección o en las escenas que representan las visiones de María.

Recordemos que las representaciones artísticas nos *recuerdan* a los santos. Nosotros los católicos no veneramos las representaciones artísticas de los santos ni les *rezamos* a las estatuas ni a las imágenes de ellos. Estas cosas son ayudas visuales que nos ayudan a tener una relación con los santos.

Recordemos también que la Iglesia protege su preciosa herencia artística al exigir que el obispo local pida permiso para reparar las obras clásicas de arte. La presencia de las imágenes sagradas en las iglesias tiene que ser moderada en su número y no restarle a la devoción personal.

Los iconos: Los iconos ocupan un lugar importante en la fe de los católicos del Rito oriental. Estas imágenes de dos dimensiones no sólo son arte, sino que también representan la presencia divina en el mundo. El estilo artístico del icono, caras alargadas, ojos penetrantes y manos grandes, simbolizan lo espiritual que va más allá del tiempo.

Cada icono mantiene una larga tradición y es la copia de otro icono que ya existe. Pintar iconos es un llamado sagrado y un ministerio. Los iconos generalmente representan a Cristo, a María, a los apóstoles y a los evangelistas.

Las reliquias: Desde los primeros tiempos, la Misa se celebraba sobre la tumba de los santos. Las partes de los cuerpos, sus pertenencias personales o la tierra de sus tumbas llegaron a ser codiciadas como algo "sagrado" y se veneraban como reliquias porque estaban muy íntimamente relacionadas con los santos.

La popularidad de las reliquias llegó a su apogeo durante las Cruzadas y la Edad Media. La honra y la reverencia que se les daban a estas reliquias eran tan grandiosas como si el santo hubiera estado allí en persona. A menudo las reliquias se exhibían en unos receptáculos muy decorados, llamados relicarios, y las personas competían por poseerlos. Naturalmente, esta predilección ocasionó los abusos y las supersticiones relacionadas con las reliquias. Las personas las usaban como amuletos, esperando que les trajeran buena suerte y buena fortuna. Sin embargo, cuando se usan como parte de una devoción, las reliquias y todos los objetos sagrados pueden ser conductos de la gracia y de las bendiciones de Dios. Las reliquias nos inspiran y nos ponen en más contacto con lo que es "santo".

Las reliquias se clasifican en tres clases. Las reliquias de la primera clase son parte del cuerpo del santo o de la santa. Las reliquias de la segunda clase son objetos o ropa que el santo o la santa usó. Las reliquias de la tercera clase, las más comunes y más a nuestra disposición, son objetos que han tocado una reliquia de la primera clase o de la segunda.

La Iglesia decreta que los altares fijos contengan una reliquia de un mártir y prohibe la venta de las mismas.

Las medallas: El uso de medallas vino de la práctica de las civilizaciones antiguas que imprimían imágenes de sus gobernantes en sus monedas. Los católicos usan y llevan medallas para tener presente siempre el recuerdo y las bendiciones espirituales de un santo o de una santa.

Los escapularios: El escapulario es una prenda de ropa larga y sin mangas que se lleva sobre los hombros como parte del hábito monástico religioso. Para que el laicado pudiera compartir las bendiciones monásticas espirituales, se desarrollaron escapularios personales: pequeños pedazos de tela en forma rectangular que estaban conectados con cintas y que se llevaban alrededor del cuello, con una parte al frente y otra en la espalda. Quienes llevan los escapularios reciben indulgencias y bendiciones. La mayoría de los escapularios honran a Jesús o a María.

Las capillas: Cuando lo santo llega a un lugar específico, a menudo el aura permanece allí por mucho tiempo. Los lugares que se asocian con lo sagrado se han convertido en lugares de respeto, reverencia y peregrinaciones. La obra literaria *Canterbury Tales* de Chaucer tuvo su origen con una peregrinación a la tumba de Tomás Becket. A menudo hoy día los lugares donde los santos ejercieron su ministerio se han convertido en unos lugares de peregrinaciones devotas.

Para mí, hace varios años el misterio de un "lugar santo" se convirtió en algo muy real cuando viajamos por millas de minas que dominan el paisaje cerca de Heckshervillle en el noroeste de Pennsylvania. El guía me aseguró que de verdad había una iglesia muy bonita en medio de este aparente terreno baldío.

Este lugar es especial porque el Obispo Juan Neumann, C.Ss.R., el primer santo de los Estados Unidos estableció una parroquia aquí y justo cuando íbamos doblando por una curva en la carretera, la iglesia de San Kieran apareció majestuosa, en contraste con los alrededores desolados. Los mineros, por medio de todos sus grandes esfuerzos, construyeron la iglesia trayendo las piedras de la montaña. El Obispo Neumann vio el progreso de la construcción de la iglesia. Dentro de la iglesia hay un mural que representa la vida de este obispo tan santo. El documento de la consagración, escrito en la letra del santo, se encuentra en un reclinatorio.

Cuando me arrodillé y puse las manos reverentemente en el libro, sentí una unión mística con este humilde y gran hombre de Dios. "De seguro que la presencia del Señor está en este lugar", yo rece. Desde ese día mi devoción a ese santo obispo ha crecido, como lo ha hecho mi convicción de que continúa una presencia santa en el aura de este lugar sagrado.

La hagiografía: Miremos la lista de los libros de más venta o la sección de biografías de una librería y consideremos la predilección por las novelas de la televisión. Obviamente, nos gustan las historias acerca de personas. Las vidas de las personas nos fascinan y nos interesan.

Nuestros antepasados en la fe creían que las historias sencillas de las vidas de las personas santas eran lo que mantenían vivo el mensaje y el ejemplo de Cristo.

La herencia que los santos nos han dejado nos ha llegado por medio del recuento de estas historias. Sin embargo, debido a que las historias se transmitieron de boca, se han exagerado sus milagros y sus virtudes.

Desde los primeros días de la Iglesia, los biógrafos de los santos, llamados "hagiógrafos", documentaron los detalles de las vidas de los santos. Y lo que es más, muchos santos han dejado detalles correctos de sus vidas en sus memorias y sus autobiografías.

Estos recuentos escritos se preservan en varias formas: textos litúrgicos, calendarios, biografías y leyendas. Aunque las vidas de los santos están llenas de milagros y de increíbles leyendas, las mismas forman una referencia muy rica de las costumbres y de cómo las personas vivían en una época específica de la Iglesia.

Las colecciones de los resúmenes de las vidas de los santos han sido una fuente muy popular de información general acerca de los santos. Una de las favoritas de estas colecciones es *Las vidas de los santos* por Butler.

Otros medios de comunicación también dan a conocer las vidas de los santos. Hoy día, cuando estamos tan conscientes de la comunicación, los videos, los documentales y los libros de comics representan a los santos con muchos detalles. Estos medios son especialmente populares en la educación religiosa de nuestros jóvenes. Dos películas que se basan en historias de los santos y que han sido premiadas son *La canción de Bernadette*, que es el relato de las apariciones de María a Bernadette Soubirous en Lourdes, Francia y *Un hombre para todos los tiempos*, que es el relato de Tomás Moro, que fue ejecutado porque se negó a aceptar a Enrique VIII como la cabeza de la Iglesia de Inglaterra.

Además de estos relatos que otras personas han compilado de los santos, también tenemos escritos originales de muchos santos. Mientras que muchos de estos escritos se han perdido con el tiempo, otros se conservan todavía y son clásicos espirituales. Estas obras nos ayudan a crecer en la vida espiritual y explican los misterios de la fe. Algunos de estos escritos clásicos incluyen *La introducción a la vida de la devoción* por Francisco de Sales, *Los ejercicios espirituales* por Ignacio de Loyola, *Noche oscura del alma* por Juan de la Cruz, *El castillo interior* por Teresa de Avila, *La historia de un alma* por Teresa de Lisieux, Santa Teresita, *Confesiones* y *La ciudad de Dios* por Agustín, *La suma teológica* por Tomás de Aquino y *La teología moral* por Alfonso Liguori.

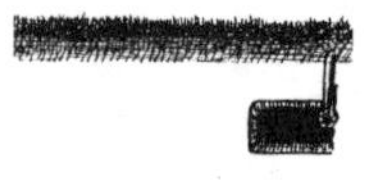

El folklore: Las prácticas piadosas se desarrollan del folklore y la Iglesia no las aprueba porque a menudo son muy parecidas a la superstición. Sin embargo, nadie se hace daño si alguien hace algo con fe y confiando en Dios. Pero generalmente estas prácticas se convierten en actos supersticiosos. Por ejemplo, algunas personas creen que van a vender su casa si ponen una estatua de San José boca abajo en el jardín. Algunas personas ponen estatuas en las ventanas si quieren que haga "buen tiempo", sea lo que sea en cualquier momento determinado. La práctica de poner una medalla o una estatua de San Cristóbal en el automóvil para la protección de los viajeros es una devoción muy común hasta entre personas que ni siquiera son católicas.

Aunque los santos nos ayudan en nuestras necesidades, puede que sucumbamos a la tentación de usar su ayuda como estratagemas y manipulaciones. No podemos tratar de controlar lo sobrenatural en nuestras devociones y oraciones. Tenemos que recordar que tenemos limitaciones y que dependemos de un Poder mayor que nosotros: Dios. Nuestras oraciones y devociones tienen que reflejar esta actitud de fe y de aceptación de la voluntad de Dios. Por ejemplo, tenemos que llevar una medalla con fe y no usarla como un amuleto. Sin embargo, se han reportado casos de personas, especialmente el de un soldado en una batalla, cuyas vidas se han salvado porque llevaban una medalla.

Cuando leamos leyendas e historias de eventos maravillosos e increíbles en las vidas de los santos, recordemos que ellos recibieron unos dones espirituales especiales. Mientras que Dios puede obrar milagros y de hecho los obra hasta hoy día, no debemos interpretar estos eventos como doctrinas de la fe. Las revelaciones personales sólo son eso, personales y privadas. Mientras que puede que el mensaje nos inspire y nos lleve hacia una fe más profunda, la Iglesia advierte acerca de las visiones y de las experiencias místicas. No nos dice que tenemos que creer en ellas.

No podemos considerar que nuestra breve discusión de la superstición y de la manipulación esté completa sin mencionar las cartas de cadenas y las garantías de las oraciones. Las cartas de cadenas que nos piden que recemos una oración especial y que se la pasemos a un cierto número de personas con la advertencia de que "no rompamos la cadena", son supersticiosas. Las cartas de cadena deben romperse y tirarse.

De la misma manera, una oración que rezamos en el banco de la iglesia, con la garantía que si rezamos la oración un cierto número de veces, nuestra petición será oída, es una manipulación y la Iglesia no la autoriza como una práctica católica.

Conclusión

Las devociones a los santos pueden enriquecer la relación que tenemos con Dios. Las oraciones, las prácticas piadosas, los cuadros o pinturas y las estatuas nos pueden inspirar para lograr una espiritualidad más profunda y ayudarnos a concentrar nuestra atención. En épocas cuando la lectura era un privilegio elitista, a las imágenes que se usaban para la enseñanza se les ha llamado los "textos de los analfabetos". Las vidas de los santos nos animan en medio de los retos que la vida nos ofrece.

Es imposible para nosotros los católicos conocer el gran número de los santos, así que escogemos a quienes les vamos a rezar. Cuando nuestra espiritualidad se desarrolla, también lo hace la manera como rezamos y las devociones que practicamos. Sin embargo, no somos menos católicos si no "participamos" en las devociones a los santos. Las prácticas piadosas relacionadas con los santos son opcionales y secundarias a nuestra fe. Pero la devoción a los santos, si la mantenemos en la perspectiva correcta, es una gran ayuda y guía en nuestra búsqueda por la santidad.

PARTE IV

El popurrí de los santos

Los santos son como la luz de las estrellas que llega a la tierra mucho después de haberse extinguido. Los santos, por medio de sus vidas y sus obras, nos conmueven cuando irradian la luz de Cristo hacia nosotros.

Anónimo

Los santos favoritos

A través de la historia, los católicos han demostrado una devoción especial y una reverencia por ciertos santos. Por supuesto, nadie puede saberlo todo acerca de todos los santos o tenerles devoción a todos. Los católicos generalmente seleccionan a un número pequeño para ser los escogidos. O nos sentimos atraídos por la vida de una persona y entablamos una relación con ella o le rezamos a un santo o a una santa porque hemos recibido favores de esa persona.

Debido a que podemos escoger a los santos a los que les rezamos, yo conduje una encuesta espontánea entre varios cientos de personas de diferentes esferas de la vida. Les pedí que nombraran a cinco de sus santos favoritos, sin incluir a María, la Madre de Jesús. Encontré que nombraron a muchos de los populares y de los favoritos tradicionales, pero también descubrí que entre sus favoritos también se encontraban algunos santos desconocidos. Al examinar la lista, ¿cuántos les parecen familiares? ¿De cuántos santos les gustaría aprender un poco más?

Los cinco santos más populares (y las razones por las cuales son famosos) incluyeron a Santa Teresita del Niño Jesús (la patrona de las misiones), José, el padre adoptivo de Jesús (el patrón de los carpinteros y de las personas que están a punto de morir), Antonio de Padua (el patrón de los ecólogos y de quienes aman los animales) y Teresa de Avila, una mística (la patrona de las personas que sufren de dolores de cabeza).

La lista que sigue es un resumen del resto de los resultados de mi encuesta. El primer grupo de santos de la lista ocupa el primer lugar por haber recibido el mayor número y el mismo número de votos. El segundo grupo ocupa el segundo lugar de acuerdo al número de votos que recibió, etc.

Pablo, apóstol de los gentiles (santo patrón de las personas que trabajan en relaciones públicas);
Ana, la madre de María (patrona de las amas de casa y de las mujeres que están para dar a luz);
Pedro, el apóstol, el primer papa (patrón de los pescadores);
Judas Tadeo, apóstol (patrón de los que se encuentran en situaciones imposibles y desesperadas).

Catalina de Siena (patrona de los enfermeros y las enfermeras y también es la protectora contra los incendios);
Margarita María Alacoque (patrona de quienes le tienen una devoción especial al Sagrado Corazón);
Miguel Arcángel (patrón de los paracaidistas, marineros y bodegueros).

Gentrudis, mística (patrona de quienes le tienen una devoción especial al Sagrado Corazón);
Ignacio de Loyola, fundador de la Compañía de Jesús (los jesuitas) (patrón de los soldados y de quienes están de retiro);
Francisco Javier (patrón de quienes trabajan en las misiones, especialmente en India y en Japón);
Patricio, apóstol de Irlanda (patrón de cualquier persona que ha sido mordida por una serpiente);

Juan Neumann, C.Ss.R., fundador de las parroquias (patrón de quienes rezan la devoción de las Cuarenta horas).

Rosa de Lima, santa peruana (patrona de Latinoamérica);
Juan Evangelista, autor del cuarto evangelio (patrón de los escritores);
Juan de la Cruz, místico (patrón de los directores espirituales);
Bernadette Soubirous (patrona de quienes le tienen devoción a Nuestra Señora de Lourdes);
Cristóbal (patrón de los viajeros, los conductores de vehículos, los marineros y los porteros);
Lucía (patrona de quienes sufren de enfermedades de los ojos);
Juana de Arco (patrona de los franceses y de los soldados);
María Goretti, mártir (patrona de las víctimas de la violación sexual);
Juan Bautista, precursor de Jesús (patrón de los herreros);
Margarita de Escocia (patrona de las reinas, las viudas y de las familias grandes);
Esteban, el primer mártir (patrón de los diáconos);
Isabel de Hungría (patrona de los panaderos, de las viudas, de quienes son acusados falsamente y de quienes no tienen casa).

La Beata Kateri Tekakwitha (patrona de los Indios norteamericanos);

Juan Bosco, fundador de la Sociedad Salesiana (patrón de los editores y de quienes trabajan por, viven en o apoyan escuelas para niños huérfanos).

Isabel, la prima de María (patrona de las mujeres embarazadas);
Luis Gonzaga, jesuita (patrón de la juventud);
Bárbara (protectora contra los relámpagos);
Agustín, Obispo de Hipo (patrón de los cerveceros y de los teólogos);
Tomás Aquino, filósofo y teólogo (las escuelas lo han adoptado como su patrón);
Elena, divorciada (patrona de los conversos y de quienes tienen problemas matrimoniales);
Agueda, mártir (patrona de las víctimas de la violación sexual);
Francisca Cabrini (patrona de los inmigrantes y los huérfanos, y los hospitales también la han adoptado como su patrona);
Bernardo de Claraval, abad (patrón de quienes hacen velas y de quienes le tienen un amor especial a María).

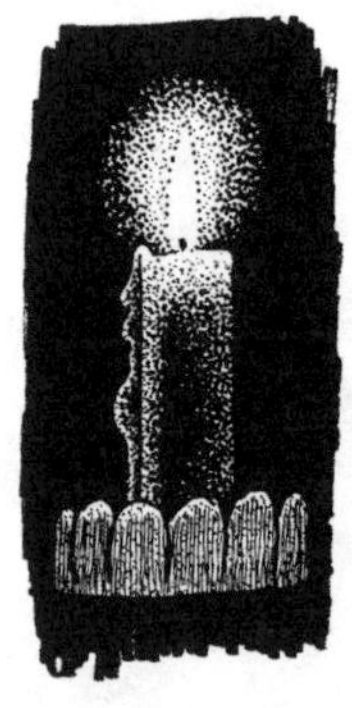

Tomás, el apóstol (patrón de los arquitectos y quienes tienen dudas);
Clara de Asís, fundadora de la comunidad de clarisas (patrona de las personas asociadas con la televisión);
Cecilia (patrona de los músicos, de quienes fabrican órganos, de los cantantes y de los poetas);

Francisca de Roma (patrona de los conductores de vehículos y de quienes les tienen una devoción especial a los ángeles de la guarda);

Francisco de Sales, cofundador de la Congregación de la Visitación (patrón de los autores y de quienes tienen impedimentos del oído);

Isaac Jogues, jesuita y mártir (patrón de los misioneros);

María Magdalena (patrona de los pecadores arrepentidos y de las prostitutas);

Marta (patrona de los cocineros, los dietistas, los sirvientes y las criadas y de quienes se dedican a la hospitalidad);

Peregrine de Auxerre (patrón de las personas que sufren de cáncer);

El Papa Pío X (patrón de quienes reciben la comunión frecuentemente).

Los santos patronos

Una creencia básica de los católicos es que los ángeles y los santos poseen poderes para interceder ante Dios por las necesidades y por los problemas humanos. A veces Dios ha intervenido en las vidas de los seres humanos por las intercesiones de los santos. En la tradición católica, los santos se clasifican como "patronos" porque se sabe que ayudan de maneras diferentes y específicas. Casi siempre las iglesias, las diócesis y los países tienen sus santos patrones como protectores especiales e intercesores.

Por ejemplo, los Catorce santos ayudantes eran populares en la tierra del Rin en el siglo catorce. Por qué catorce y por qué se han escogido a estos santos son conjeturas. Aunque los reformadores la criticaron y el

Concilio de Trento se opuso a ella, la costumbre de la devoción a los Catorce santos ayudantes todavía existe hoy día en algunas áreas.

La lista que sigue establece la conexión entre los santos, algunos famosos y otros bastante desconocidos, y las causas por las cuales abogan.

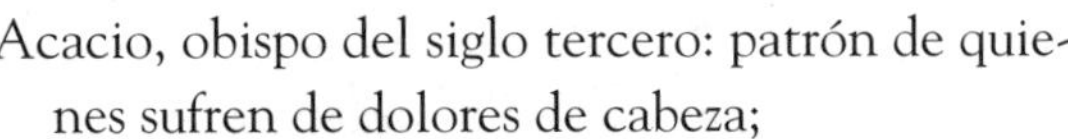

Acacio, obispo del siglo tercero: patrón de quienes sufren de dolores de cabeza;

Bárbara, pasó su juventud prisionera en una torre: patrona asociada con los relámpagos;

Blas, obispo y mártir: patrón de quienes sufren de enfermedades de la garganta;

Catalina de Alejandría, mártir: patrona de los filósofos y de quienes hacen debate;

Cristóbal, conocido como "el portador de Cristo": patrón de los viajeros;

Cirico, diácono y mártir: patrón de quienes sufren de enfermedades de los ojos;

Denis, un mártir francés: patrón de quienes sufren de la rabia y de dolores de cabeza;

Erasmo (Elmo), mártir: patrón de quienes sufren de problemas intestinales;

Eustaquio, cazador y general romano: patrón protector contra los fuegos;

Jorge, que mataba dragones: patrón de quienes sufren de enfermedades de la piel;

Giles, ermitaño del siglo octavo: patrón de quienes sufren de epilepsia;

Margarita de Antioquía: patrona de quienes van a tener un hijo;

Pantaleón, mártir cuya sangre se licua: patrón de quienes sufren de cáncer o de tuberculosis;

Vito, mártir romano: patrón de quienes sufren de epilepsia.

Personas nominadas para la santidad

La santa bondad de las personas que ya se han mencionado llega a nosotros a través de los siglos. Sin embargo, muchas personas de nuestra época son candidatos muy posibles para la santidad. Estas personas incluyen:

El Obispo Oscar Romero (1917-1980): Arzobispo de El Salvador que fue asesinado mientras celebraba misa. Promovió los derechos de los pobres y los oprimidos; su causa de canonización ya empezó.

Tomás Merton (1915-1968): monje trapense y escritor espiritual de más de cincuenta libros.

Pierre Teilhard de Chardin (1881-1955): jesuita y antropólogo con una visión cósmica, cuya teoría de la evolución consideraba que Cristo era el Punto Omega hacia el cual se encamina toda la realidad

Dorothy Day (1897-1980): fundadora del movimiento de los obreros católicos (*Catholic Worker Movement*) y abogada por la causa de la justicia social, la no violencia, la pobreza voluntaria y la hospitalidad

El Papa Juan XXIII (1881-1963): un papa de visión y de previsión; instrumento en la renovación de la Iglesia; convocó el Concilio Vaticano II

Papas que fueron canonizados santos

De los 262 papas en los dos mil años de la historia de la Iglesia, ochenta papas son santos canonizados. Es sorprendente que setenta y cuatro de estos papas reinaron antes del año 900 d.C. León IX (1049), Gregorio VII Hildebrand (1073) y Celestino (1294) son los tres papas canonizados santos del principio de la Edad Media.

El siglo catorce y el siglo quince no produjeron santos que habían sido papas porque ésa fue una época de confusión y de corrupción en la Iglesia.

El Papa Pío V (1572) es un santo de la época de la contra reforma. Pío X (1914) es el Papa santo del siglo veinte. Ocho papas son "beatos" y la mayoría de ellos vivieron entre el siglo once y el siglo catorce.

Al Papa Juan Pablo II se le puede llamar "el papa de los santos". Hasta la fecha él ha canonizado a 275 santos en treinta y seis ceremonias. Esto incluye tres canonizaciones colectivas: 103 mártires coreanos, 16 mártires del Japón y 117 mártires vietnamitas. El también celebró la primera canonización que no tuvo lugar en Roma, sino en Corea en el año 1994.

El Papa Juan Pablo II también ha celebrado muchísimas beatificaciones. El ha celebrado 212 individuales y once colectivas. De acuerdo al *Almanaque católico* del año 1996, él ha celebrado un total de 622 beatificaciones.

Cosa de familia

Cuando examinamos la historia, encontramos que la santidad a menudo parece ser "cosa de familia". Encontramos hermanos que son santos, padres e hijos que son santos, cónyuges que son santos, abuelos y nietos que son santos.

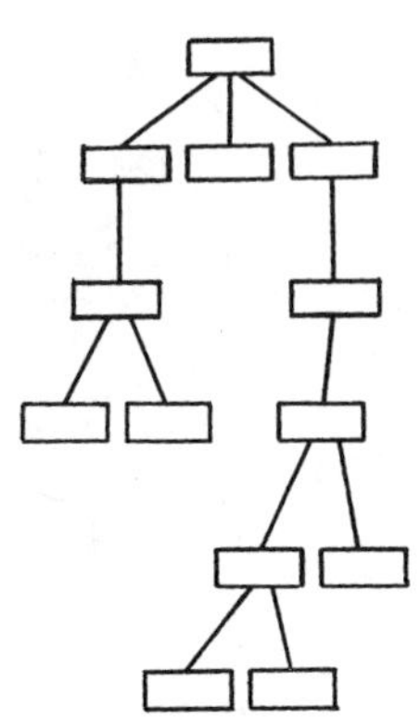

La lista que sigue separa a los santos de acuerdo a su relación en la familia:

Santos que eran hermanos: Pedro y Andrés (apóstoles); Santiago y Juan (apóstoles); Benito y Escolástica (conocidos por su estilo de vida monástica); Cirilo y Metodio (apóstoles de Eslovaquia); Cosme y Damián (médicos que sufrieron el martirio); el Rey Luis de Francia e Isabel (participaron en las cruzadas y fueron misioneros); Faustino y Jovita (mártires); Primo y Feliciano (mártires); Marcos y Marcillianus (gemelos, mártires).

Santos que eran cónyuges: María y José (la madre y el padre adoptivo de Jesús); Isabel y Zacarías (padres de Juan Bautista); Ana y Joaquín (padres de María, la madre de Jesús); Priscila y Aquila (véase Hechos 18,1, Romanos 16,3 y 1 Corintios 16,19); Crescencia y Modesto (mártires); Julián y Basilisa (mártires).

Santos que eran padres e hijos: Isabel y su hijo Juan el Bautista; Brígida de Suecia y su hija Catalina de Suecia; Mónica y su hijo Agustín de Hipo; Felicidad y sus siete hijos; Clotilde y su hijo Gontran.

Otras relaciones de familia: Ludmila y su nieto Wenceslao; Emiliana y su sobrino el papa Gregorio Magno; el Papa Félix I y su sobrina Trasila; el papa Cayo y su sobrina Isabel de Hungría; Patricio y su sobrino Mel; el Obispo Odo de Canterbury y su sobrino Osvaldo; Clotilde y su nieto Cloud.

Santos de familias reales: Radégunda, reina de los Soissons; Batilda, reina de París; Juana de Valois, dama noble en Francia; Cunegunda, emperatriz de Lituania y Polonia; Casimiro, rey de Polonia; Maud, reina de Alemania; Esteban, rey de Hungría.

Algunos santos se dieron cuenta de que el punto de vista masculino y el femenino pueden añadir algo a la relación que una persona tiene con Dios. Como resultado de esto, estos santos formaron unas relaciones espirituales muy profundas con miembros del sexo opuesto. Algunos de los hombres y las mujeres que compartieron una amistad muy profunda en el Señor incluyen a Juana Francisca de Chantal y Francisco de Sales; Teresa de Avila y Juan de la Cruz; Margarita María de Alacoque y Claudio de la Colombiere; Francisco de Asís y Clara.

Un día para todos los santos

El primero de noviembre, con la solemnidad de todos los santos, se honra a todos los santos, incluyendo a los que no tienen un día específico para celebrar su santoral.

En el año 609 d.C., el emperador romano cedió el Panteón, que había sido un templo pagano en honor a todos los dioses, y el 13 de mayo de ese año se consagró como una iglesia cristiana y se dedicó el edificio en honor a María y a todos los mártires. Con el tiempo, la fecha se cambió al primero de noviembre porque ese era el día cuando muchos peregrinos estaban en Roma y había comida abundante después de la cosecha. La fecha también contrarrestaba la fiesta del 31 de octubre de los druidas de los malos espíritus.

Los nombres de los santos

Los nombres de los santos tienen un significado especial. La tradición y la historia han usado los nombres de los santos para nombrar a personas y lugares también.

Por ejemplo, la costumbre de darles nombres de los santos a los hijos empezó en la Iglesia principiante, cuando los cristianos querían mantener vivos el recuerdo y el espíritu de aquellas personas que habían sufrido el martirio por su fe. Poco a poco, la costumbre se extendió, especialmente en Francia y Alemania. Sin embargo, los celtas y los irlandeses pensaron que la práctica era una blasfemia.

Entonces, el Concilio de Trento (1545-1563) decretó que todos los bebés bautizados tenían que tomar el nombre de un santo. Si se tenía alguna duda si el nombre era de un santo o no, el ministro ordenado que celebraba el bautismo le ponía el nombre de un santo. Hoy día, el Código revisado del Derecho Canónico (855) declara que el nombre que se da en el bautismo no puede ser contrario a los valores cristianos.

Cuando se le da el nombre de un santo a un lugar, más o menos se le conmemora el lugar a la memoria del santo y se le encomienda a su protección. Algunos nombres de algunos lugares de los Estados Unidos que tienen nombres de santos son San Agustín, Florida; San Antonio, Texas; San Luis, Missouri; San Pablo, Minnesota; Monte Santa Elena, Washington. El estado de California está lleno de lugares que tienen nombres de santos: San Bernardino, Santa Clara, San Clemente, Santa Ana, San José, San Rafael, Santa Bárbara, San Fernando, San Francisco, Santa Mónica, Santa Rosa y San Diego.

Costumbres del folklore de los santos

Algunas de estas costumbres existen todavía. Por ejemplo, la costumbre de decir "¡Qué Dios te bendiga" después que alguien estornuda empezó con Gregorio Magno, que recomendó que se hiciera esto durante una epidemia de la peste. En aquel entonces se creía que cuando alguien estornuda, se suspenden los signos vitales y la persona está en las garras del demonio.

Algunos santos viven en las costumbres y en las prácticas que fueron inspiradas por sus vidas y ejemplo. Algunas de las tradiciones más conocidas incluyen:

San Blas (el 3 de febrero): Blas, un obispo de Armenia en el siglo cuarto, salvó a un niño que se estaba ahogando con una espina de pescado. En su día, la Iglesia les bendice la garganta a los fieles para invocar la protección de Blas contra las enfermedades de la garganta. Se ponen dos velas benditas alrededor de la garganta y se reza esta bendición: "Por la intercesión de San Blas, obispo y mártir, que te preserve de todos los males de la garganta, por Cristo nuestro Señor".

San Valentín (el 14 de febrero): Una razón por la cual mandamos demostraciones de amor y de amistad el 14 de febrero viene de una leyenda acerca de Valentín, un sacerdote mártir del siglo cuarto. El les mandó unas notas, escritas en hojas violetas en forma de corazones que crecían afuera de la prisión donde estaba encarcelado, a sus feligreses para animarlos. Hoy día, la costumbre es un día de fiesta secular muy lucrativa. Las compañías que venden tarjetas y los floristas se sienten muy felices con la promoción de esta tradición.

San Patricio (el 17 de marzo): Debido al gran número de personas irlandesas en los Estados Unidos, el 17 de marzo se ha convertido en un día de fiesta cultural y el verde es el color del día. Con desfiles, comida, música y alegría se recuerda al buen obispo que llevó la fe a Irlanda. En Irlanda es más que nada un día festivo religioso. Generalmente se representa a San Patricio con un trébol porque él lo usó para representar el misterio de la Trinidad.

José (el 19 de marzo): La costumbre de compartir la comida y de invitar a otras personas a comer el día de San José, el 19 de marzo, vino de los católicos sicilianos. Se les daba pan bendito, dulces y otros tipos de comida a los pobres ese día y se le llamaba la mesa de San José. Generalmente las golondrinas regresan a la misión de San Juan Capistrano en California el día de San José.

Swithin (el 15 de julio): Aunque Swithin, obispo de Winchester en el siglo noveno, pidió que se le enterrara al aire libre, sus hermanos monjes decidieron enterrarlo en la iglesia cuando fue canonizado. Sin embargo, cuando llovió por cuarenta días, se pensó que el santo estaba expresando su desaprobación. La costumbre se extendió y el tiempo que haga el día de San Swithin, el 15 de julio, es un presagio del tiempo, bueno o malo, que se va a tener por cuarenta días.

Cristóbal (el 25 de julio): Aunque se duda su veracidad histórica, Cristóbal todavía es popular. La leyenda dice que él cargaba a las personas para ayudarlas a cruzar el río y que un día llevó al niño Jesús. A él se le conoce como el patrón de los viajeros. Muchos conductores de vehículos todavía ponen una medalla o una estatua de Cristóbal en el vehículo para invocar su protección contra accidentes.

Jenaro (el 19 de septiembre): Jenaro fue un obispo del siglo catorce que fue ejecutado bajo el emperador Diocleciano. La sangre de Jenaro no se coagula el día de su santoral, el 19 de septiembre, ni tampoco en otras ocasiones. Esto significa bendiciones para la ciudad de Nápoles, Italia.

Francisco de Asís (el 4 de octubre): A Francisco de Asís se le conoce por su amor por la naturaleza y por los animales. Un resultado de esto es la popular bendición de los animales en su día. No sólo los católicos, sino las personas que aman los animales, las sociedades humanas y los veterinarios llaman a los sacerdotes católicos para que le recen a Francisco por el bienestar de los animales.

Nicolás (el 6 de diciembre): El Obispo Nicolás de Mira, conocido por los regalos tan generosos que daba, es la inspiración que nos dio a Santa Claus. En algunos países, las personas todavía reciben regalos en su día, el 6 de diciembre. Mi abuela austriaca trajo esta costumbre a este país. Cada año el día de San Nicolás, un soltero irlandés muy alegre que vivía cerca se ponía su traje rojo e iba por el barrio tirando golosinas en las casas mientras que las familias cenaban.

Conclusión

Esta colección de hechos, tradiciones y costumbres relacionadas con los santos es como examinar la santidad a través de un calidoscopio. Cada santo es una representación ideal de la virtud, pero cada uno refleja la santidad de una manera única. Hay santos para ciudades y países, para causas especiales, para maneras personales de orar y para todas las personalidades. Cada necesidad e inspiración humana tiene un santo que aboga por la misma.

Con este panorama los católicos no pueden conocer o tenerle devoción a cada uno de los santos. Sin embargo, la colección de santos nos permite tener modelos de acuerdo a nuestros gustos y necesidades individuales.

La galería de los santos es una herencia preciosa que representa todas las naciones, culturas, épocas y ocupaciones. No todos los santos reflejan perfectamente la grandeza de Dios, pero cada uno de ellos es una imagen calidoscópica de lo Divino. Todos los santos son una gran sinfonía de virtud y de santidad, en la cual cada uno toca una parte en una armonía perfecta y produce su melodía única de amor eterno.

Los santos son enigmas y misterios porque demuestran familiaridad con el Señor. Los santos nos demuestran una presencia divina en el mundo. Sus vidas nos inspiran a alcanzar una santidad más elevada y áreas más profundas de intimidad con Dios.

No importa la época en que vivamos, o a que destino o circunstancias nos enfrentemos, todos compartimos algunos dones y gracia. Tenemos las vidas de estas almas nobles que nos hablan del valor, de la fidelidad y de la fe.

Cuando examinamos las vidas de los santos, sin duda alguna encontramos a un ser humano con quien podemos tener una relación. Encontramos a alguien que tiene las mismas situaciones en la vida que nosotros. Cuando averiguamos cómo ese santo sobrepasó esas mismas situaciones, recibimos inspiración y nos sentimos edificados. Cuando consideramos a los santos y pensamos en ellos, vamos más allá de nuestra mezquindad y podemos poner las cosas en perspectiva. La meditación en silencio de cómo un santo le hizo frente a una situación difícil nos ayuda a ver las cosas de una manera diferente y a organizar nuestra propia vida de una manera que nos deja vivir a plenitud y con significado en ese plano que llamamos "la espiritualidad", una unión y una afinidad con Dios.

Los santos están con nosotros y la Iglesia le ha dado gracias a Dios en todas las épocas por ese don de su presencia y su ejemplo. Damos gracias por una Iglesia que continuará produciendo almas fuertes y santos destacados. Los santos cumplen la promesa del Señor, "Y sepan que yo estoy con ustedes todos los días hasta el final de los tiempos" (Mateo 28,20).